Heinz Zeller, De ei'gspritzt Supp

HEINZ ZELLER

De ei'gspritzt Supp

und andere

schwäbische Gedichte

VERLAG KARL KNÖDLER
REUTLINGEN

2. Auflage 1988
© Copyright 1977 bei Verlag Karl Knödler, Reutlingen
Alle Rechte, einschließlich derjenigen des auszugsweisen Abdrucks
und der fotomechanischen Wiedergabe, vorbehalten.
Printed in Germany 1988
Umschlagfoto: Hermann Pfeiffer
Herstellung: Druckerei Harwalik KG, Reutlingen
ISBN 3-87421-066-9

Vorwort

Leut, ma hat so wenig z'lacha,
drom han i do a paar Sacha
zsammagstellt ond zsammatraga,
obs wohr isch, kann i Euch net saga.

I han vrsuacht aus lustge Gschichtla
zom macha halt a paar Gedichtla,
dia sollat zur Entspannung sei,
drom hats au net viel Ernsts drbei.

Wer also ebbes Ernstes suach,
muaß lassa d Fenger von meim Buach,
doch wer hat a sonnigs Wesa,
dem empfehl i des zom Lesa.

Heinz Zeller

De ei'gspritzt Supp

Es war amol früher a Bauer vom Land,
ond weil der denkt hat mit kühlem Vrstand,
er kennt en dr Stadt für sei Sach meh vrlanga,
isch er uff da Markt nach Stuagert ganga.

Seine Gschäft sen recht guat von statta ganga,
doch auf da Zug hats wella nemme langa,
er denkt: z Geld hasch, was isch drbei,
jetzt gang i zom Essa ens Marquard nei.

Er hat was bsonders zom Essa gwellt,
drom hat er a Menü sich bstellt,
denn so a Menü war ehm net bekannt,
so was hats net geba, drhoim aufm Land.

Ond wias halt beim Menü so isch,
kam zearst a Teller Supp auf da Tisch,
er denkt, so a Supp han i ell Tag,
dui ka essa, wers essa mag.

Dia andre Gäng hent recht guat gschmeckt,
beinoh het er no da Teller ausgleckt,
ond weil er aufs Essa na müad isch gwe,
läßt er sich zom übernachta a Zemmer gä.

Em Zemmer nebam Baura dra
liegt en der Nacht a kranker Ma,
der leidet an ra Darmverstimmong,
hat ghet beim Essa z wenig Hemmong.

Für den hat ma an Dokter gholt,
der mit ra Spritz abhelfa sollt.
Dr Dokter doch verwechselt Tüar
und gibt am Baura des Klistier.

Der woiß zwar net, worom wiaso,
doch schließlich denkt er sich halt no,
daß er so zur Supp soll komma,
dia er beim Essa et hat zu sich gnomma.

Ond weil er hat des Deng so ei'gschätzt,
hat er am andra Morga nex gschwätzt.
Er hat sei Sach zahlt ond isch ganga,
daß es no auf da Zug tuat langa.

Er fährt mim Zug recht zfrieda hoim
ond denkt wias no so gau ka oim.
Drhoim fangt er a zom Vrzähla
ond tuat drbei au nex vrhehla.

„Sollt Euch dr Weg nach Stuagert füahra,
no müaßt ihr a Menü probiera,
bloß d Supp derf ma net standa lassa,
do deant dia nämlich gar net spassa.

Denn z Stuagert herrschat rauhe Sitta,
dia fanget net lang a zom Bitta,
do kommt halt oiner nachts zur Tüar rei
ond spritzt dui Supp oim henta nei."

Ma muaß sich z helfa wissa

Dr Hans kommt zu Bekannte nei,
dia nemmat grad ihr Essa ei,
dr Tisch war ziemlich reichlich deckt,
ond ma hat gsea, wia s elle schmeckt.

Am Hans ischs Wasser em Maul zemmagloffa,
er denkt: „Ha do haschs net schlecht troffa,
aber jetzt wia stelle s a,
daß e do au mithalta ka."

Er hat grüaßt ond dia hent dankt
ond hent glei weiter beim Essa zuaglangt,
doch koiner hat gfrogt, ob er au ebbes well,
des hat vrdrossa onsern Gsell.

Er stoht a Weile rom ond guckt zua,
doch des brengt dia andere net aus dr Ruah,
dia send elle broit om da Tisch rom gsessa
ond hent fleißig weitergessa.

Wenn d do was witt muasch anders a'fassa
dean Schmauß will mr i net entganga lassa,
drom nemmt er an Stuahl ond ruckt end Mitt:
„Wenners net anders deant, hock e halt na, ond iß mit!"

Dr Wachtelfänger

A Bauer, wo end Stadt isch ganga,
spürt plötzlich ostillbar s Vrlanga,
er sott ganz dringend irgendwo,
doch nirgends fendet er a Clo.

Er suacht sich a stills Wenkele,
om z macha do sei Stenkerle –
scho scht gäangs end Hos, des wär a Graus,
er druckt an groaßa Kaktus naus.

Wia er grad duat Hos nauf ziaha,
kommt aufn zua a Schutzmann glaufa,
deam konnt er so schnell net entfliaha,
drom deckt er zu mi' m Huat da Haufa.

Der frogt da Baura, was er dät,
der secht zom Schutzmann drauf ganz stät:
„I han mir gfanga do a Wachtel
ond sott zom nei doa hau a Schachtel.

Dätat Sia nett a weng aufpassa,
i tät mir an Karto geha lassa.
Sia derfat aber da Huat nett lupfa,
daß d Wachtel net drvo ka hupfa."

Dr Schutzmann stoht a Weila rom,
doch no wurd ehm des langsam z domm,
drom langt er vorsichtig na ondern Huat
om zgucka, was dui Wachtel duat.

Er spürt was Woichs ond druckt glei zua,
doch no brengt ehn des aus dr Ruah,
er sait: „Jetzt werd i doch vruckt,
jetzt hau i d Wachtel gar vrdruckt."

Von ehm hat ma et gschwätzt

D Bäure isch a weng scheniert,
denn s isch ihr kürzlich mol passiert,
daß se kriagt hat an Foronkel
ond grad am Hentra, wo s isch donkel.

„Weib, do muascht zom Dokter gau,
so ka scht des bei Gott net lau,
do muascht nach dr gucka lassa,
mit so was isch fei net zu spaßa."

Ond weil ihr Ma des duat vrlanga
isch se au zom Dokter ganga,
ond wia se wieder hoim isch komma
hat se ihr Alter glei vrnomma.

„Jetzt, was hat dr Dokter gwißt,
vrzähl mol wia drs ganga ist."
„Ha zerscht hemer ons gmacht bekannt,
no hat er gmoint, i sei recht guat beinand.

Au sei i ja no ganz guat gwachsa,
häb stramme Füäß ond grade Haxa,
em allgemeina sei e gsond
ond zur Besorgnis sei koi Grond."

„Ja, komm zur Sach ond sag mrs doch,
was hatr gsait wega deim Arschloch?"
„Ma, des kommt mir ja erscht jetzt –
über Di hem mir ja gar nex gschwätzt."

Der schweigsame Bräutigam

„Ja Marie sag" frogt Adelheid,
„wia war s denn kirzlich bei dr Hochzeit.
Dei Schorsch isch doch dr ruhigst Ma,
dean nex zom Schwätza brenga ka,
ond no bei dene Haufa Leut,
do hat doch der bestemmt koin To gsait."

„Ha freile", sait se, „der hat scho gschwätzt,
wenn des denkst hast de schwer vrschätzt,
wenn au koi groaßer Schwätzer nett,
hat er doch ellerhand zom saga ghet.

Wo mr nei end Kirch send ganga
do blieb er mit m Absatz hanga,
er isch a weng ens Stolpra komma
ond „Hoppla" hau i drauf vrnomma.

Zom Pfarrer hat er „Ja" no gsait,
wo der ehn frogt vor elle Leut,
ob er mi au zur Frau well nemma,
do hat er ja net anders könna.

Nach dr Kirch gings zom Essa ond Tanz
hentre end Wirtschaft zom grüna Kranz.
Wo nr ell des guat Essa sieht do,
do sait er mit strahlende Auga „So".

Obends semmer hoim no komma,
vom langa Tag her ganz benomma,
ond wia mr ons aufs Bett na setzet,
do secht er voll Erwartong „Jetzat".

Voreilig

Arg krank liegt dr Bauer em Bett,
ob ers durchhaut, wois ma no net.
D'Bäure läßt da Doktor holla,
der hätt ehm nomol helfa solla.

Der isch glei komma, hat nach m guckt,
drauf hat er mit de Schultra zuckt
ond hat a bedenklichs G'sicht na gmacht,
„Wahrscheinlich isch s sei letzta Nacht."

Am nächsta Tag hot er no glebt,
er hat sich halt am Leba ghebt,
ma duat nomol a Nacht lang banga
ond Tags drauf ischs am besser ganga.

„Do hemmer Glück geht, der wird wieder",
doch d Bäure dui schlägt d Auga nieder,
„Siah send guat, des isch ja hoiter, –
i hau vrkauft scho ell seine Kloider!"

Bei der Post

Dr Karle goht uffs Postamt nei,
weil er a Geld will zahla ei,
ond weil er nex zom Schreiba hat,
suacht er an Federhalter, oin wo gaht.

Bekannt isch ja fascht jeder Ma,
daß er des do nett fenda ka,
zwar hangt an jedam Schreibpult oiner,
doch schreiba ka drmit ja koiner.

Älle send vrboga ond kromm,
drom wird am Karle des jetzt z domm,
er will sich deshalb beim Beamta beschwera,
der duat ehm ruhig ond höflich zuahöera.

„Saget Se bloß, dia Fedrahalter,
dia send wohl aus am Mittelalter?"
Doch der isch d Antwort nett schuldig blieba:
„Auskonft isch am Schalter sieba!"

Emmer fleißig sei

En jonge Johr isch gstorba scho
am Bäuerle sei Schwiegersoh,
ond weils dr Brauch heut halt so kennt,
hat man em Krematoriom vrbrennt.

A paar Tag später isch d Urne komma,
dui hat d Witfrau an sich gnomma,
stellts en dr Stub aufs Vertiko,
daß ebbes isch no von ehm do.

„So gaht des nett", hat d Muatter gsait,
„daß so a Faulenzerleba geiht,
staht do ond hält en Ruah Maulaffa,
der kommt end Sanduhr, dear soll schaffa!"

Die Entlassong

A Bauer kommt ens Städtle nei
ond guckt sich a so ällerloi,
ond wia er so schlendert durch fremde Gassa,
hat er plötzlich an kräftiga fahra lassa.

Henter ehm send zwoi Dama ganga,
dia hent glei zom Schempfa agfanga,
so ebbes isch doch net zu fassa,
dean sott ma ja glei vrhafta lassa.

Er dreht sich om zu dene zwoi
ond sait, „mir isch des oinerloi,
von mir aus derfat san gern lassa fassa,
i für mein Toil han an grad entlassa."

Beim Zahnarzt

Dr Stäffelesbauer hat an Zah,
der sott halt raus, doch hat der Ma
a furchtbara Angscht vor am Zahnarzt ghet,
drom will er oifach end Sprechstond net.

Wia aber no dr Back isch gschwolla,
daß rausdruckt hat an ganza Bolla,
do hat sei Weib zom Baura gsait,
jetzt seis zom Dokter höchste Zeit.

Halb doat vor Angscht isch er no ganga,
hat ausgseaha als well man an Galga hanga,
so isch er zom Dokter end Sprechstond komma,
ond der hat en glei mit zu sich nei gnomma.

Der hat ehn en dean Stuahl nei druckt,
sich übran beugt ond end Gosch nei guckt,
doch bevor er no was hat saga kenna,
fangt dr Bauer a z schreia ond furchtbar z flenna.

„Ja sagat, i han doch no gar nex gmacht",
sait dr Dokter, ond hat drbei glacht.
„Ihr send guat, Potz Blitz ond Girlanda,
Ihr send auf meim Heahneraug drauf gstanda."

Z Zahziaha selber war net so arg,
bloß bluatet hats a bisle stark,
doch des hat am Baura nex meh ausgmacht;
ond er hat recht guat gschlofa drauf en dr Nacht.

Er hat koi Angscht

Dr Schorschle läßt sich ontersuacha,
dr Dokter der tuat net schlecht fluacha –
er stellt an Leberschada fescht,
nex meh zom Trenka wär halt s bescht.

„Sia sottat halt weniger saufa,
d Leber net so arg oft taufa,
so ka s doch net weiter gau,
sia müassat was für d Gsondheit dau.

Sia sottat an Ihr Fraule denka,
die Schritte bälder heimwärts lenka,
des tät au ihrer Leber guat
ond Frau drhoim dui hätt koi Wuat."

„Herr Doktor, bis zom dritta Schluck
denk i scho ells ans Weib no zruck.
Duat mr dr Wirt aber na no ois gea,
fürcht i mi vor überhaupt nex mea."

A komische Krankheit

Dr Hans sich net ganz wohl gfühlt hot,
deswega er zom Dokter goht.
Will sich mol ontersuacha lassa,
zahla duats ja d Krankakassa.

Dr Dokter guckt da guata Ma
mol zearscht en- ond auswendig a,
no macht er a bedenklichs Gsicht,
so als obs sei a schlemma Gschicht.

„Ob i ehne do helfa ka,
desch net d Leber ond net Galla,
von dera Krankheit guater Ma,
waret bis heut blos d Kartoffel befalla."

Die Bewegungstherapie

Dr Dokter secht zom Julius:
„Sia fahret wohl viel mit am Bus,
sia sottet meah Bewegong hau,
a Stond am Tag, des täts scho dau."

A guata Stond spaziara ganga,
tät für da Afang scho fascht langa,
des gäb an guata Appetit
ond tät da Ma au macha fit.

„Herr Dokter, soa Stond laufa macht mi net heh,
i ja seit viele Johr Briafträger be,
nachdem i täglich denstlich muaß gau,
soll i des no vor oder nachm Denst dau?"

S isch eilig

Om dreiviertel achte kommt zom Paule,
der fährt Taxe, a jongs Fraule –
reißt Tür auf, kommt en Waga rei:
„Ganz schnell end Fraueklinik nei."

Dr Paule läßt sich net lang dränga
ond läßt so glei sei Auto sprenga.
Er fährt los wia d Feuerwehr,
als wär dr Teufel hentram her.

Er fährt durch d Stroßa mit achzg Sacha,
fast däts anra Kreuzong au no kracha,
z letscht duat er no a Ampel mißachta
ond wia nr hält, do schlägts grad achta.

Z Fraule steigt aus mit ra Seelaruah
zahlt, secht zom Paule ond lacht drzua:
„Seahntse, jetzt duats grad no langa,
i muaß nämlich om achte mein Denst afanga."

Bruaderliebe

A Rauferei zwoi Buabe hent,
dia an anander grota send;
hent sich vrkrallt en Hoor ond Rücka,
dr oi duat da andra en Dreck nei drücka.

Dia zwoi hättet sich recht verschlaga,
sia hent scho packt anand am Kraga,
do isch dr Pfarrer des Weges komma
ond hat dia Sach end Hand glei gnomma.

Dr Pfarrer reißt dia zwoi vonand
ond schempft: „Isch Euch denn net bekannt,
daß in der Bibel steht geschrieben,
Ihr sollt Eure Feinde lieben!"

„Herr Pfarrer, do hent Sia scho recht",
dr oine von de Buaba secht,
ond auf da andra deuta duet r –
„desch et mei Feind, des isch mei Bruadr."

Dr Scheidongsgrond

D Johanna goht zom Rechtsanwalt,
se mecht sich scheida lassa halt.
„- Ja aber dazu braucht ma Gründe."
„Herr Dokter, dia werdet mir scho finde."

„Warom i will mi lassa scheida,
i ka mein Ma halt nemme leida,"
„- A Grond zur Scheidong isch des net -
hen se vielleicht arg Händel ghet.

Oder hat er Sie mißhandelt,
gibt er ehne zwenig Geld?
Wisset Se des wird vrhandelt,
do muaß ma füahra Gründ ens Feld!"

„Herr Dokter, was soll i do saga,
er war guat, hat mi nia gschlaga,
ond au saufa duat er net,
trotzdem hätt an halt los gern ghet.

„Wia isch s mit der ehelichen Treue,
gäbs do vielleicht an Grond zur Reue?"
„- Herr Dokter, der Grond goht bequem,
dr Jaköble isch net von ehm."

Guata Appetit

Beim Abortgruab leera isch dr Hans ond dr Frieder,
manch andram wär dui Arbet z wider.
Doch dene zwoi macht des nex aus,
wenns au stenkt von onda raus.

Auf oimol fällt am Frieder sei Jack,
s war a alta, ond sah aus wia a Sack,
na end Gruab ond vrsenkt wia a Fisch,
weil se z näh am Rand glega isch.

Dr Frieder fangt glei a zom Wischa,
er vrsuacht wieder dui Jack zom erwischa.
„Laß se doch dronta, om dui isch net schad,
es war ja de Bescht au nemme grad."

„Om dui Jack alloi isch mr s ja net,
an dera han i ja nemme viel ghet.
I will dr s saga, worom i drauf brenn –
– i han endr Jack mei Vesper drenn!"

Sei Liebstes

Dr Frieder wird beerdigt heut,
drom standat auf am Friedhof d Leut,
denn em groaßa ganza war dr Frieder zom Loba,
er hat halt gern a Halbe ghoba.

Doch glei nebam Friedhof dra,
liegt d Statio von dr Güaterbah;
ond wenn se do so deant rangiera,
duat sich manch Wort über d Mauer vrliera.

Grad heut wird au wieder rangiert
ond oiner s Ganze dirigiert:
„A Wagaläng – a halba – Halt",
so es vom Bahnhof rüberschallt.

Oms Grab rom standat Freund ond Vrwandte,
dr Pfarrer seine Vorzüg nannte;
wia er hat für d Familie gsorgt
ond nirgends hat an Pfennig borgt.

So duat dr Pfarrer da Frieder loba,
der jetzt ischt em Hemmel droba –
„Nichts auf der Erde war ihm lieber –"
„No a Halbe" klengts vom Bahnhof rüber.

Zur Auswahl

Bei z Maiers do hats Drilleng geba,
des duat ma net ell Dag erleba,
drom herrscht em Haus a großa Freud
bei große ond bei kloine Leut.

Dia drei gleichat sich wia a Oi,
aber donkelhoorig sen blos zwoi,
dr dritte hat a ganz roats Köpfle,
doch sonscht isch r a saubers Tröpfle.

Dr Vater s Fritzle füahrt and Wiag,
zoigt ehm, was er für Brüader kriag,
der guckt se a, ond sait no drauf:
„Vater i glaub, da Roata ziega mr auf."

Em Zweifel

Dreißig Johr lang war dr Ernst ond Emilie
vereint en Ehe ond Familie;
drbei hats au fenf Kender geba,
wias halt so gaht em Familialeba.

Vier drvo hent en d Familie gschlaga,
des hat müaßa jeder saga.
Groß ond kräftig scho em erschta Johr,
ond elle hent ghet ganz donkle Hoor.

Dr fenfte drgega war andrer Art,
a weng kloi, roathoorig ond zart,
au hat er ghet a ganz anders Wesa,
drom zweifelt dr Ernst, obr dr Vater isch gwesa.

Jetzt liegt Emilie arg krank em Bett,
wahrscheinlich überstaht se dui Kranket et,
drom moint dr Ernst sie sott beichta no,
hauptsächlich wias sei mit seim jengsta Soh.

„I han mei Lebtag an Zweifel ghet dra,
ob dr Ernstle net war voma andra Ma,
sag halt, hascht den au von mir ghet?"
„Dean scho, aber dia andre vier net."

Dr Gipser

Zom Pfarrer kommt dr Gipser Rudi,
a'melda will er sei Dochter Judi,
dui kam als elftes Kend zur Welt
langsam häuft sich s Kendergeld.

Dr Pfarrer moint, s wär langsam Zeit
aufz'höra mit der Herrlichkeit.
Elf Kender seiat doch a Haufa,
s oi kommt, wenn s ander kaum ka laufa.

„Herr Pfarrer, was soll i do macha,
des sen em Leba halt so Sacha,"
er duat vrlega d Fenger knipsa:
„Ma ka doch net bloß emmer gipsa."

Nach dr Schualvisit

Auf ma Dorf isch dr Schualrat zur Visite gwesa,
anschließend isch ma em Lamm no zemma gsessa,
ond wia s so gaht, wars scho spät en dr Nacht
bis dr Schualrat auf da Weg sich macht.

Dr Wirt läßt durch da Johann da Waga vorfahra,
denkt bei deam Vollmond ka'schs Liacht spara,
er gibt am Johann d Order genau,
daß der da Schualrat hoim brengt au.

„Du fährscht jetzt da Schualrat nei end Stadt –
ond guck zua, daß ellas glatt ond guat gatt!"
Ond wia der no fährt so durch die Nacht
hält ehn a, dr Polizischt auf Wacht.

„Sag amol, Du hascht koi Liacht am Waga",
duat dr Gendarm en Pflichterfüllong saga,
„do ka sch mr saga was da witt,
des vrstoßt gega Ordnong, Gsetz ond Sitt."

„Mensch sei still, i fahr da Schualrat,
dean muaß i brenga nei end Stadt,
was soll der Herr denn von ons denka
wenn Du mi nett läscht mein Waga lenka?"

„Ha des isch ja a saudomms Gschwätz
mit deam de nausreda witt jetz,
willscht Du vielleicht behaupta Wicht,
daß dr Schualrat sei a Licht?"

Also doch

A Autofahrer kommt en a Wirtschaft nei,
er guckt ganz vrschrocka drei:
„Besteht denn hier die Möglichkeit,
daß en dr Omgebong Pinguin geiht?"

Pinguine geihts hier net,
des hats hier au no gar nia ghet!
„No gebat se mr no an Klara,
no hann i doch a Nonn überfahra."

D Gegaleistong

A alts Weible stoht am Stroßarand
ond wenkt de Auto mit dr Hand,
se mecht gern mitfahra end Stadt
ond bald drauf oiner g halta hat.

„So Müatterle steigat no ei,
i fahr ja sowieso end Stadt nei."
Er hilft ra no beim Einesteiga,
no duat er sich wieder übers Lenkrad beuga.

Uff oimol fangt dr Motor zom Stottra a
ond kurz drauf hält dr Karra ganz a.
Dr Fahrer steigt aus, oms Auto rom gaht r,
ond sait zom Weible: „S duat mr leid, jetzt staht r."

Sait z Weible: „Des send halt so Sacha –
en Gotts Nama muaß e halt mitmacha,
i han mrs glei denkt, daß D was witt,
denn wer nemmt oin heut no omasoscht mit."

Geheimsproch

En ra Wirtschaft isch a Bauer gsessa
ond hat an Schweinebrota gessa,
dr zua trank er a Halbe Bier
er hat sich wohl gfühlt sehr dahier.

A paar Studenta warat am Nebatisch,
deane ihr Gschwätz am Bauer aufgfalla isch,
sait oiner zom Beispiel: Te we en a Be
hent dia andre gsait: Em we em we.

Dr Bauer isch vrwondert drüber
ond gaht zu dene Herra nüber,
„Jetzt sagat mir, was soll denn dös,
was schwätzat ihr do für an Käs?"

„Des isch ganz oifach liaber Ma,
ma au abgkürzt schwätza ka,
auf d Frog: „Trenkat wir no a Bier",
sagat dia andre: „Machen wir."

„Mir hent ons des ausdenkt liaber Ma,
daß nett jeder wo zuahorcht vrstanda ka,
was wir ons so zom vrzähla hent,
wenn wir so beianander sent."

Bald drauf dr Bauer zahla duat,
er stoht auf, ond lupft da Huat,
er sait: „Ade ihr Herra, ade Chef,
ond wia er sich romdreht: „Pe, ix, ef ef."

Jetzt aber hent dia Herra guckt,
sen vrlega auf de Stüahl romgruckt.
Se lassat ihre Gedanka kroisa,
„Ma, was soll denn dös jetzt hoissa?"

„I sag Euch des bevor i gang –
was ihr kennat, ka i scho lang,
drom han i denkt, ui werde kriage –
„Bleibat gsond, ond viel Vrgnüga!"

Der dreizehnte Apostel

Obwohl dr Dom wird renoviert,
geht a alts Weible o'scheniert
do nei, om d Adacht zu vrrichta,
sie wollt auf s Gwohnte net vrzichta.

Se guckt zu de Apostel nauf
ond kriagt an groaßa Schrecka drauf,
denn wo bisher zwölf gwea send,
sui uff oimol dreizeh fend.

Schnell gaht se zur Nachbre nom,
„Du komm schnell a mol do rom,
ebbes hat sich vrändert em Dom,
do standet jetzt dreizeh Apostel rom!"

Wo d Nachbre des von ihr vrnomma,
isch se glei mit en Dom nomm komma,
ond au sui brengt dreizeh raus,
ob s wohl spuckt em heiliga Haus?

„Des müassa mr am Probst vrzähla,
des derfat mr deam net vrhela."
Dr Domprobst der isch recht vrschrocka
ond macht sich glei zur Kirch auf d Socka.

Dr Probst hat drauf d Apostel zählt
ond denkt „Hau i mi jetzt vrfehlt?"
denn au er brengt dreizeh raus,
en deam alta Gotteshaus.

Doch no hat er gnau na guckt,
weil er nett glaubt, daß s plötzlich spuckt,
ond was do stoht als dreizehnts Wesa,
des isch a Maurer beim Schaffa gwesa.

Warom omständlich

A Ofall passiert en dr Champigniestraß,
Blech fährt rom ond Scherba von Glas,
om dean Ofall aufzunemma.
dr Polizischt isch gspronga kemma,

Wia er muaß da Nama schreiba
von der Stroß – do läßt ers bleiba,
„warom so umständlich, semmer nett domm,
komm, schiabat dia Kärra end Neckarstroß nomm."

Die Einladong

Dr Maurers Karle hat oin gsoffa
ond weil d Kirchatür staht offa,
gaht er nei ond lauft drenn rom
ond guckt sich en dr Kirch so om.

Er guckt so nach de Heilige nauf,
dia do standat auf ihre Podestla drauf.
„Horchat zua elle, wia ihr standat do rom,
jetzt kommat r ra, no gammer en Schwana nomm.

Ihr hent bestimmt Durscht vom Romstanda hier,
drom zahl i uich jedam a Halbe Bier,
s isch was los em Schwana dromma,
do soll mirs auf a paar Mark net akomma."

Am Beichtstuahl kommt er au vorbei
ond sieht am Pfarr sei Konterfei,
„Au Du kriagscht von mir a Halbe Bier,
wenn d fertig bischt mit Scheißa hier."

Freundschaft

Zom Pfarrer ischt dr Josef komma,
der d Sonntigspredigt ernscht hat gnomma,
des goht di a, hat er denkt
ond seine Schritt zom Pfarrhaus glenkt.

„Herr Pfarrer bei der Predigt heut,
do hent Sia onder andrem gsait,
daß zuviel von dr Guatmüatigkeit
sei a Stück von dr Liadrigkeit.

Drom Herr Pfarrer mach mr Sorga,
denn i dua ja emmer elles vrborga;
det mei Freind mei Frau vrführa,
i glaub i tät koin Fenger rühra."

„Wega deam brauchscht Dir koi Sorga macha,
do kascht ruhig wieder lacha,
des wär anderscht bei deim Feind, –
des sag i Dir als beschter Freind."

Dr Freier

Dr Karle isch alt sechzig Johr
ond hat scho rechte graue Hoor,
doch sonscht isch er no guat beinand,
mecht treta sogar en da Ehestand.

Drzua hat er ganz ovrfrora
sich a ganz Jonga auserkora,
denn erscht zwanzg Johr alt isch sei Braut,
ob des auf d Dauer blos au na haut?

„Jetzt gaht des", sait sei Freind, dr Frieder,
„doch schwätza mr en zwanzg Johr wieder,
wenn Du no so om achzge bischt –
Dei Frau bis do na vierzig ischt."

„So weit denkat mr no nett,
no ischt se ja nett alt ond fett,
sollt i aber no mein Entschluß bereua,
no müäßt e halt wieder a Jengre freia."

Gewohnheit

D Frau Maier vor kurzem en dr Stadt,
bei ra Lotterie an Goisbock gwonna hat.
Voll Freud nemmt se mit hoim des Tier,
bloß hat se no koin Stall drfüar.

„Desch oifach", hat dr Maier gsait –
au er hat sich über den Zuwachs gfreut:
„Des Viech kriagt en dr Schlofstub sei Eck,
des toilt ma ab, mit ra alta Deck."

Drauf d Nachbre frogt: „Hent se bedenkt,
daß do no mit dr Zeit recht stenkt?"
„So arg wird dean Bock des net vrdriaßa,
do dra wird er sich gwöhna müaßa."

Genau do

Dr Bauer hat wichtige Arbata ghet,
drom roichts ehm beim beschta Willa net,
d Gois ens Dorf zom Bock zom brenga;
dui Aufgab soll deshalb d Magd übernemma.

„Dui Gois duat sich so komisch rüahra,
dui soll ma halt zom Bocka füahra,
s wär schö, wenn mr da Gfalla duasch,
frogscht halt en wellas Haus daß d muasch."

D Marie gaht drauf ens Dorf mit dr Gois;
doch wia gsagt – se s Haus net woiß –
ond weil se net gwißt hat, wo se muaß na,
guckt se sich om, wo se froga ka.

Sui sieht auf ra Bank an Buaba hocka:
„Sag mir, wo läßt ma d Gois denn bocka?"
Der hat am Goißle s Schwänzle ghoba
ond sait: „Em zwoita Loch von oba!"

Obs an Wert hat?

Wia s halt so goht em Eheleba,
hats bei s Müllers bereits zeh Kender geba,
wia s elfte kommt, kriagt er a Wuat:
„Weib, mir des jetzt aber langa duat."

„I hau mir denkt, mei liaba Lene –
i schlof jetzt liaber auf dr Behne,
wenns au gwea isch a Vrgnüaga,
jetzt isch Schluß mimm Kender kriaga."

D Lene, dui au gnuag vom Sega hat,
ihran Ma recht guat vrstatt.
Drom sait se: „Ma, wenn durchaus witt,
wenn d moinscht, daß s hilft, no komme mit."

Dr Onderschied

D Sophie isch a weng a Schlampel,
d Hoor hangat rom, s isch a Gepampel,
au isch se arg end Broite ganga,
bei zeha Kender bleibt was hanga.

Do trifft se d Klara, rank ond schlank,
en dr Schual send se gsessa em gleicha Bank,
„Ja, Klara, bisch au amol hier,
sag mr blos, wia gatts denn Dir?"

„Mir gehts guat, han keine Sorga,
genügend Geld, i brauch nex borga,
i han an guata fleiß'ga Ma,
so daß i glücklich leba ka."

„Hasch au Kender, i han zeha,
do ka s oim ja net bsonders geha."
„I hab bloß ois, des isch a Bua,
der isch jetzt zwölf, seiddem isch Ruah."

„Ja sag", frogt d Sophie ond hat glacht,
„wia hant Ihr des om älles gmacht?,
bei mir kommt halt fascht jeds Johr ois,
höchst selta zwischanei mol kois."

„Mei Ma isch do sehr rücksichtsvoll,
i woiß net, wia drs saga soll,
bevor er fangt em Bett was a
ziaht er an Überzieher a."

„Ach so isch des, jetzt isch mrs klar,
was d Schuld an der Misere war,
warom voll Kender isch mei Haus,
mei Dackel ziaht sich emmer aus!"

Von de Arme

Dr Weihnachtstisch isch öd ond leer,
d Kender gucket doof omher,
do läßt dr Vater an Lauta kracha,
ond elle Kender müßat lacha.
Ma sieht – mit was für kloine Sacha
de Kender ma a Freid ka macha.

Koi groaßer Onderschied

Weils näh an ihrn Geburtstag gatt,
d Marie ihrn Wunsch geäußert hat:
„Ma, wenn d an mein Wunsch duasch denka,
no duasch du mir a Mofa schenka!"

Wo dr Geburtstag no isch gwea,
hat ra ihr Ma a Päckle gea,
des isch viereckat onds kloi,
des ka niamols a Mofa sei.

Wia se s Päckle no packt aus,
kommt daraus a Nachttopf raus:
„Ma, was hascht Dir denkt do blos –
der Onderschied isch aber groß!"

„Onderschied gibts do net viel,
des isch genau des gleiche Gfühl,
wia wenn i a Mofa dät kaufa,
do hockscht nauf, gibscht Gas ond lesch s laufa."

Der Versager

D Gret macht Vorwürf am Hans ihram Ma,
daß er ihra halt gar nex biata ka,
s langt grad zom Leba, nex zom Erba,
lebtag arm bis einst zom Sterba.

„Mei Schualkamräde d Erika,
dia fahrat em Urlaub nach Afrika,
dia ander hat a riesa Haus
ond ka leba′ en Saus ond Braus.

Ond wia dia elle ei gricht send,
do sieht ma, daß se ebbes hent.
Schäma muaß i mi do grad,
weil ma bei ohs gar nex hat."

Dr Hans horcht sich dean Jammer a,
„Siehscht Gret, jetzt guck amol do na,
kennet mir au net reisa en ferne Länder,
hent mir drfür fenf gsonde Kender."

„Dia hammer, desch wohr, ond i frei me dra
ond mit deane i au Staat macha ka,
doch mit deane sich z brüsta, gib Du Dir koi Müah,
denn wenns nach Dir gäng, hätt a mr net amol dia."

Die Erinnerong

Drei alte Mand send em Park auf ma Bänkle gsessa,
hent sich gsonnt ond drbei d Zeitong glesa.
Do kam a hübschs jongs Mädle vorbei,
do sent se monter worda dia Drei.

„Mai, wema so guckt", moint do dr oi,
„dui hat aber amol a paar stramme Boi,
rank ond schlank bis oba na,
guck no, wia se marschiera ka."

„Ja", sait dr zwoite, „des isch wohr,
ond drbei hat se ghet au recht lange Hoor,
ond s Brüstle hat sich seha kenna lassa,
des hat ja dr Pullover kaum kenna fassa."

An nochdenklicha Zug em Gsicht frogt do dr dritt:
„jetzt helfat mr blos, i stell euch die Bitt,
i han des bei dera jetzt grad net gseha,
aber do isch doch bei de Mädla sonscht noch was gwea!"

Dr Sportler

Dr Eugen aufma Bänkle hockt,
drzua hat ehn d Marie vrlockt,
sui schwätzt nex, ond er nex sait
ond so oi Wort des andre geit.

Sia hent blos gschmust so mitanand,
wias isch, wenn zwoi so send beinand.
Es war zur Zeit der jungen Liebe,
schö wers, wenns emmer blos so bliebe.

Doch wias so gaht beim langa Schmusa,
ihr wurds bald warm onter dr Blusa.
Vom Schmusa blos, se gnuag ghet hat,
se mecht halt gern, daß weiter gaht.

Drom streicht se am Eugen am Schenkel na,
ond guckt ehn au bezeichnend a,
doch er sait zuara: „Laß des Fühla,
woisch i muaß morga Fuaßballspiela."

Er hats sichs denkt

Zom Fritzle einst dr Lehrer sait,
„du kascht doch so guat sprenga",
end Hand er ehm a Briafle geit,
„dean duascht am Pfarrer brenga."

Dr Fritzle nemmt dean Briaf ond gaht,
war froh, daß r a weng frei ghet hat.
Er isch zom Pfarrhaus nübergspronga,
doch hat er da Briaf wieder zrück mitbronga.

„Herr Lehrer, da Herr Pfarr hane net atroffa,
i ham mrs denkt, han aber trotzdeam guckt,
denn wo e ben am Hirsch vrbeigloffa,
hot do dr Pfarrer zom Fenster raus guckt."

Dr Zucker ohne Marka

En dr Altstadt standat en langer Reih
Strichmädla, dia müaßet zom Dokter nei,
dia müaßat sich ondersuacha lassa,
wias so Routine isch en deane Gassa.

I derf net vrgessa, s war kurz nach m Kriag,
do waret Schlanga net selta, des isch koi Lüag,
hats irgendwo ebbas bsonders geba,
hat ma sich nagstellt, ma brauchts ja zom Leba.

An der Schlang kam a älters Fraule vorbei,
dui guckt sich des a, ond denkt sich drbei,
do frogscht amol, was es do bsonders geit,
denn omaschoscht wartet ja net ell dia Leit.

Sia frogt ois von de Mädla nach m Agebot,
ond dui gibt ihra em Spaß au da Rot,
sich am Schluß von dr Reihe ei'zuparka,
denn do gäbs Zucker ohne Marka.

Ha, denkt se, do stahst ruhig au na,
an Zucker mr emmer braucha ka,
se wartet geduldig am End von dr Reih,
bis se hat derfa zom Dokter nei.

Nach langer Zeit kommt se no dra
„Ja Weible was wennt Ihr denn do,
Ihr hant em Maul ja fascht koin Zah?"
– „Ha schloza kennt n scho au no." –

S Piknik

A jongs Päärle hat an Ausflug gmacht,
se hent gschäckert ond hent glacht.
Em Auto fahret se durchs Land,
daß so was schö isch, isch bekannt.

Wia vorna taucht a Wäldle auf
moint er, ond zoigt mimm Fenger drauf:
„I moin, do vorna halt mr a,
ma do a Piknik macha ka."

„A Piknik macha wär scho nett,
wenn i blos net so Honger hätt,"
vrschämt duat sui mit de Auga rolla
„Drom hätta mr halt vorher veschpra solla."

S Jubelpaar

Dr Gustav ond sei Weib die Kätter,
hent glebt bei guat ond schlechtam Wetter,
em Ehestand jetzt fuffzig Johr,
jetzt hent scho boide graue Hoor.

Fuffzig Johr so ronter leira,
des müassa mr gebüehrend feira,
sia hent sich so da Tag recht schö gmacht
ond hent gfeiert, sischt ganga fascht bis end Nacht.

Wo seh no obends send ens Bett
sait er, „jetzt wärs halt doch ganz nett,
wema kennt macha no so a Spiel,
wia ma s früher gmacht hat, oft ond viel."

„Jo Gustav, des wär scho recht nett,
mir hen ja scho so lang nex ghet,
des hätt also scho nomol sein Reiz,
denk aber dra, daß is jetzt han em Kreiz."

„Desch aber liab von dir mei Schätzle,
daß du mir saisch des neue Plätzle,
denn wenn i z Spiel hätt jetzt vrsuacht,
hätt i s no am alta Plätzle gsuacht."

So was gibts au

D Marie fährt en dr Eisebah,
doch sui koin Platz nett fenda ka,
denn sui hat ihr Kend drbei,
ond des hat koi schöns Konterfei.

Ma woiß, daß viele Leut no geiht,
dia hent mit so was halt koi Mitleid,
wo se nei kommt, hoißt s gar gschwend
„Mensch hat dui a häßlichs Kend."

Drom hat se Träna en de Auga
ond draut sich au schier nemme z frauga,
ob no a Plätzle wär do frei,
als se ens nächst Abteil goht nei.

A Herr sitzt drenn, der guckt se a,
sieht, daß se d Träna net zruckhalta ka,
„Kommet se no ond sitzat Se na,
für Ihr Äffle hau i sogar a Banaa."

Se hats guat gmoint

A Fräulein, se isch nemme ganz jong,
ma ka saga, eher scho älter,
kommt vor kurzem end Hennafarm
ond guckt sich om auf de Felder.

Sechs Göckel ond a Hennele
möcht se dort gern kaufa,
se hat a kloiners Gärtle geerbt,
do will se dia lassa laufa.

„Sechs Göckel ond a Hennele,
han i mi do net vrhört?"
sait dr Bauer ond moint drzua,
des sei doch bestemmt omkehrt.

„Noi noi, des isch scho richtig so,"
gibt drauf zur Antwort sie,
„des Hennele soll fröhlich leba,
ond nett so freudlos wia i."

Dr Neugierige

S Peterle, der liegt em Bett,
will oms Verrecka schlofa nett,
obwohl Vater ond Muatter drauf wartet,
denn dia hent no a Spiel abkartet.

Der Lomp der liadrig, hat halt gwacht,
hat seine Auga oifach net zua gmacht,
„Guck Büable, wenn d schlofa dätsch, des wär schöa,
i dät Dir drfür morga a Gäule gea."

„I mecht koi Gäule" sait dr Bua,
„Kriagscht au a Wägele drzua,
ond a Peitschle isch au drbei,
blos schlofa muasch drfür jetzt glei."

Er schüttelt da Kopf, will des ellas net,
er hockt aufrecht en seim Bett,
„Was willscht denn no?" verliert dr Vater sei Ruah,
„Zuagucka mecht e" sait dr Bua.

En dr Religionsstond

Dr Lehrer hat vrzählt wias war
ganz z erscht em Paradies,
mit Bloama, Bäum ond Pflanza
ond Viecher auf dr Wies.

Ond wia dr liebe Gott no gmacht
da Adam hat, als erschta Mensch,
wia einsam der do gwesa ischt,
wia s ischt, wenn d neamad kennsch.

Dr Adam war zerscht ganz alloi,
bloß Viecher om an rom.
Er hat mit neamad schwätza kenna,
dia warat elle z domm.

„Stellat Euch vor, was des bloß hoißt,
emmer alloi zom bleiba.
Na Fritzle, was hättscht Du denn gmacht
om Dir die Zeit z vrtreiba?"

„Daß oiner emmer lebt für sich,
des ka koi Mensch vrlanga,
drom wär i halt noch Schnoita nauf
zu meiner Tante ganga."

Das siebte Gebot

Vom Lehrer hat sei Klass vrnomma,
daß dr Schualrat zur Visit dät komma,
„Passat ja auf ond blamierat mi net,
denn beim letschta Bsuach han i Ärger ghet."

Er paukt deane Buaba direkt ei,
daß der mit Herr Schualrat azreda sei,
ond daß ja koiner auf da Gedanka käm,
gar Du zu am z saga, wia oft zu ehm.

Dr Schualrat isch a ganz netter Ma,
er guckt sich vrschiedene Arbeita a,
doch no hat er verschiedene Froga gstellt
ond ischt drauf gspannt gwea, wia d Antwort ausfällt.

Er frogt da Fritzle nach m siebta Gebot;
„Du – Du" fangt der a, doch no wird er rot,
aber no kommts raus direkt pfeilgrad:
„Sia sollet net stehla – Herr Schualrat."

Der Sinnesausgleich

Dr Lehrer erzählt en dr Schual von de Senna,
dia dr Mensch so hat außa ond enna –
ond die die Natur hat am Menscha geba,
denn ohne Senna kann er net leba.

Wenn dr Mensch jetzt sollt an Senn vrliera,
no duat d Natur des variiera,
so daß a andrer die Aufgab trägt
ond sich deshalb no viel besser ausprägt.

Wenn oiner also duat erblenda
ond muaß sich ohne zom seha durchfenda,
schaltet sich Gehör oder Tastsinn ei,
oder wird dr Geruchssinn fei.

„Ka mir oiner a Beispiel saga,
von oim, der so a Schicksal muaß traga,
wo so a Ausgleich isch vorhanda,
daß der sei Leida ka überstanda?"

Dr Fritzle ebbes wissa muaß,
denn nauf streckt der da Fenger:
„Mei Oma hat an kurza Fuaß,
drfüer isch dr andre viel länger."

Die Schwerhörige

Mei Freind hat mr vor kurzem erzählt,
wia er hat amol da Weg vrfehlt,
do hat er am a Bächle a Weible troffa,
dia do na isch zom Wäschwäscha gloffa.

Er lauft na zu sellam Weib,
wenscht guata Dag ond guata Zeit.
Er frogt: „Frau wo gaht der Weg do naus?"
„Ja ja, i wäsch mei Wäsch grad raus."

Er denkt, dui hat de net vrstanda,
do muasch dei Frog nomal anders landa.
Er sait: „Frau führt der Weg en da Ort do nei?"
„Do gangat grad drei Semmre nei."

Ha, denkt er, des isch ja schlecht,
dui vrstoht me wirklich net recht,
„Frau, i glaub ihr häart net wohl?"
„Noi noi, no ischr ebevoll."

Der Feiertag

Für jedes Schualkend isch a Freud
wenns hoißt, daß d Schual häb gschlossa heut,
wem se des hend zom Vrdanka
machet Kender sich wenig Gedanka.

Do gibts so manchen Feiertag,
an dem wird gschafft wia jeden Tag.
Blos d Schuala dia hent gschlossa no,
sonscht müßtat Lehrer ja zviel do.

Maria Empfängnis isch au so oiner
wo koi Schual hat onser Kloiner,
dr Muatter isch des net bekannt,
weil gschafft wird ja em ganza Land.

Drom richtet se ehm obends sei Sach no na,
daß der end Schual nei ganga ka.
Do secht dr Bua, morga sei frei,
weil ja „D Maria em Gfängnis" sei.

D Katza-Tragödie

Mit seiner Muatter derf vreisa
dr Heinzle, denn es duat sich weisa,
daß bald ens Wochabett kommt Tante
ond dui wohnt draußa auf m Lande.

Ond wia s auf so ma Hof so isch,
net bloß grad Tante schwanger isch,
au bei dr Mietze isch soweit,
daß bald drauf jonge Katza geiht.

Dr Kloi hockt dauernd bei de Katza,
zu gern nähms halt end Hand der Bua,
doch hat er Angst, dia Alt dät kratza,
drom läßt er s vorderhand en Ruah.

Doch wia no a paar Täg sen om
do sprengat scho dia Kätzla rom
dr Heinzle duat a Kätzle fanga –
z erst tuat er no sacht na langa.

Doch no druckt er s an sich na
ond fangt glei kräftig z streichla a,
doch wia ers auf da Boda stellt
s Kätzle glei uff d Seita fällt.

Dr Bua glei zu dr Muatter läuft,
bei dera hat sich d Arbet g häuft,
se muaß spüala Topf ond Tassa,
drom hat se da Bua sich selbst überlassa.

„Mamma, des Kätzle isch so domm,
wenn e s na stell fällts glei om,"
ond bis d Muatter no richtig guckt,
hat dr Bua am Kätzle z Kreuz a druckt.

Dr Bäradreck

Drei Buaba gangat en Lada nei,
dr Kaufma kommt so glei herbei,
do secht dr oine glei ganz keck,
„i möcht für fenf Pfennig Bäradreck."

Dr Bäradreck, des isch dui Gschicht,
ganz oba en ra Schublad ischt,
drom muaß der Ma uff d Loiter nauf,
des regt ehn scho a bisle auf.

Er gibt den Bäradreck deam Bua,
do sait dr zwoite ganz en Ruah,
daß er au mecht für fenf Pfennig,
denn für elle sei des zwenig.

Dr Ma steigt d Loiter wieder aufer
ond verliert scho fascht da Schnaufer,
droba frogt er da Dritta no schnell,
ob er au om fenf Pfennig Bäradreck well.

Der schüttelt da Kopf ond gibt da Blick
mit ganz o schuldige Auga z rück,
„Noi" sait er, ond schüttelt da Kopf,
no wartet er still dr kloine Tropf.

Wo dr Ma no wieder onta ischt
do sait r, no emmer d Oschuld em Gsicht –
„Jetzt müaßat se leider nomol geha
denn i möcht Bäradreck om zeha."

Dr Gselzheiland

Wenn oiner lenkisch isch ond fromm drzua,
no hat er scho zu leida als Bua
onder so ra Horda von Banausa,
hauptsächlich auf m Spielplatz draußa.

Mir hent au so oin ghet, dem ellas mißlang,
beim Spiela der om ellas koin Ball auffang,
ond wenn ehm ellas beim Spiela geng schief,
er da lieba Heiland zom Helfer arief.

Ma hat en deshalb da Gselzheiland gnennt,
sein rechta Nama hat ma fascht nemme kennt,
für dean Buaba isch des ebbas Args ja gwesa,
aber worom hat er au ghet so a saudomms Wesa.

Em Herbst hat ma emmer d Weiher abglassa,
des war für ons Buaba a recht groß Fest,
ondram Wehr konnt ma do manchen Fisch sich fassa,
ma muaßt en halt recht schnell halta fest.

Daß do natirlich dr Gselzheiland koin kriagt hat,
weil er viel z langsam zuagriffa hat,
des isch so klar wia dicka Denta,
er konnte halt koin Fisch net fenda.

So stand er mitta em Bächle dren,
en boide Auga staht ehm a Trän,
mit de Ärm duat er zom Hemmel wenka:
„Liaber Heiland tua mir doch au en Fisch schenka."

Gsiebte Milch

Dr Ernstle sprengt zu seinra Muattr,
vor Aufregong ells schwiza duat r,
„Muattr woisch au was grad passiert isch,
wo Du zom Stall naus ganga bisch?"

„D Bless hat en Milchkübel neibronzt,
so daß jetzt isch d ganz Milch vrhonzt!"
„Sei no still, Bua, ond schrei nett so,
dui Milch wurd ja durchgseiat no."

Goldreiterles

Buaba kennat recht grausam sei,
hauptsächlich wenn kommt a Neuer rei
en so an Krois von Spielkamrada,
für den isch Vorsicht a'zurata.

Bei ons hat ma mit so oim Goldreiter gspielt,
do gabs scho was zom Lacha,
ond wenn der no da Spaß aushielt,
hat er no derfa au schonscht mitmacha.

Dr Neue isch also dr Goldreiter gwesa,
er isch oim von ons auf d Schultra gsessa,
ond no hat er müassa mit vrbondene Auga
beweisa, daß er zom Reiter tuat tauga.

Während er no isch rom traga worda,
em Reng rom ond von Süd nach Norda,
hat oiner von de andre an Haufa gschissa
ond en dean hat ma da Goldreiter eine gschmissa.

Dr sechste Ponkt

En dr Geographiestond isch es gwesa,
ma hat em Atlas von Afrika glesa,
ond hat bestaunt des große Land,
au d Sahara mit dem viela Sand.

Dr Lehrer erklärt, daß am Rand vom Sand
au manch groaßa Stadt hat en dem Land,
ond wo ma auf dr Kart an schwarza Ponkt fendat,
sich en Wirklichkeit a Stadt befendet.

Dr Lehrer sait, „i werd jetzt glei
auf dr groaßa Kart a paar Ponkt a kreida,
und ihr suachat en euram Atlas soglei,
welcha Stadt dia Ponkt deant bedeuta."

Dr Ernstle horcht am Lehrer guat zua,
denn Erdkonde entressiert dean Bua,
drom basstr guat auf, was dr Lehrer sait,
daß es nochher koi Schwierigkeit geit.

Bei fenf Ponkt fendet au glei dr Bua,
dr Nama von wellra Stadt gheart drzua,
er merkt sich elle, daß ers ka saga,
wenn duat dr Lehrer d Nama abfraga.

Beim sechsta Ponkt, do hatr gstutzt,
doch s Gucka hat ehm gar nex gnutzt,
an dem Ponkt isch koi Stadt et gwesa,
er konnt au drbei koin Nama lesa.

Doch no merktr, daß der Ponkt von ra Muck herrührt
ond leiert ra, ganz o'scheniert:
„Tanger, Tunis, Tripolis
Fes, Marokko, Muckaschiß."

Falschgeld

A Büeble kommt en Lada nei,
kauft Käs ond Wurscht ond sonst was ei,
ond für sich selber an Schoklad,
ond wia er no sei Sächle hat,
legt er an Fuffzigmarkschei na,
dr Krämer guckt des Büeble a
ond frogt an scharf, er traut net recht:
„Wo hascht dean her? Isch der au echt?"
„Haja", hat s Büeble stolz druff glacht,
„Dean hat mei Vater selber gmacht!"

Naturgeschichte

Heut hat ers von de Vögel ghet,
dr Lehrer, ond vrzählt so nett
von ella Arta Vögel halt,
von Haus ond Hof, ond drauß' vom Wald.

Vom Guggug, Amsel Fink ond Maisa
ond wia se elle sonst noch heißa,
von ihre Nestla, ihram Gfieder
ond wia se sengat ihre Lieder.

Ganz lehrreich eba, ällerhand
ond Buaba horchat zua recht gspannt,
z letscht duat er da Storch beschreiba
ond duat a Weil beim Thema bleiba.

D Storcha machet emmer Freud,
bei groaße ond bei kloine Leut,
wia er aufs Feld ond Wiesa fliagt,
Frösch fangt ond au Mäus raus ziagt.

„Hätt er sein langa Schnabel nett,
no gängs ehm schlecht, moinat r nett?"
„Freile", duat do dr Fritzle saga,
„no kennt er ja koine Kendla traga."

D Klavierstond

Dr Lehrer hat da Fritzle gfrogt,
warom er heut so schmonzelt,
no wieder agstrengt denka duat,
drbei sei Stirne ronzelt.

„Mei Schweschter hot Klavierstond ghett,
vrschlossa hent se d Tüara.
Drom han i guckt durchs Schlüsselloch,
was drenna duat passiara.

Uff oimol statt dr Lehrer auf
ond duat mei Schwester küssa.
Drauf ziaht er sein Kittel aus
ond hat ehn von sich gschmissa.

No ziaht mei Schwester d Hosa ra,
er schlupft aus seine raus,
dia hängt er übers Schlüsselloch.
Mimm zuagucka wars aus.

Drom han i weiter nex meh gseah,
ka weiter au nex wissa,
doch glaub, daß se no mitnand,
hent ens Klavier nei'geschissa."

Obs d Katz wois?

En Schussariad sitzt dr Maiers Franz,
er isch nemme beinander ganz,
wo er gatt em Haus oder drauß,
er hält sich emmer für a Maus.

Dr Dokter hat sich viel Müah mit am geah,
und nach a paar Wocha hat ma au gseah,
daß dr Maiers Franz Fortschritt macht,
er hat selber über sein O'verstand glacht.

Wenn man gfrogt hat, wer er sei,
hat er geah zur Antwort glei,
daß er sei dr Maiers Franz
ond fürcht sich vor koim Katzaschwanz.

Doch wia er no entlassa wurd,
war r kaum zwoi Menuta furt
kommt er zurück, käsweiß bis hentre ans Ohr:
„I ka nett nauß, a Katz sitzt am Tor!"

„Wer send Sia denn", duat dr Dokter an Schreier,
„Mit Verlaub Herr Dokter i ben dr Franz Maier,
aber des wissat Sia ond des woiß i,
obs aber dui Katz woiß, hau i koi Garantie!"

D Flaschnerrechnong

Dr Karle hat da Flaschner bstellt,
weil an dr Leitung was hat gfehlt,
der hat da Fehler schnell behoba,
dr Karle wollt n sogar loba.

Doch wia er häart, was der vrlangt,
do hat er sich an Kopf na glangt,
dr Preis war scho a bißle stark,
denn dr Flaschner will zwanzig Mark.

„Was, für des bißle repariera
wellat sia zwanzg Mark kassiara,
do muaß i ja drei Stond drom schaffa,
om soviel Geld mir zu erraffa.

Ond Sia wellats en zeha Menuta vrdeana,
ja denkat Sia i ka s vrdleahna?"
„Von Vrdeana han i net gschwätzt,
i han bloß gsait, des kriag i jetzt!"

Schwäbische Sänger

Wenn Schwoba beianander send,
no deant se gern ois senga,
ond wenn draußa gaht a scharfer Wend,
tuats drenna lieblich klenga.

Ma sait, se kennat bloß oin Vers,
doch manchmol denkt ma au – schö wärs,
wenn ebbes Neus kläng übern Hof,
weil emmer nomol kommt a Stroph.

Wenns Senga soo klengt ausm Haus,
no heart ma au gleich d Stemmong raus,
dia drenna herrscht am ronda Tisch
ond wia weit s Barometer isch.

Am Afang sends Soldatalieder
ond Liader aus dr Jugendzeit:
Kehr ich einst zur Heimat wieder
onds Wandern macht viel Freid.

Wos Dörflein traut zu End dät ganga,
von Müllersbursch ond Müllersmaid,
ma tuat enzwischa zom Glas ells langa,
zur Rührseligkeit isch nemme weit.

Schreitet d Zeit no weiter vor,
kommt oweigerlich z Bronnator
vom Wandrer wo sein Huat hat vrlora,
s klengt oim scho traurig en de Ohra.

Ond isch bald Mitternacht vorbei
ond klengat d Stemma dreierloi,
kommt zletschta no zu später Stunde
ofehlbar: Im schönschten Wiesengrunde.

Beim Sängerfest

Beim Sängerwettstreit kommts druf a,
wer am beschta senga ka,
drom tuat a jeder om die Ehre,
daß sei Verei dr Sieger wäre.

A schwäbischer Verei hats schwer,
ja – wenns d Melodie alloinigs wär,
doch bei dr Bewertong ischs halt wichtig,
daß d Aussproch au beim Text isch richtig.

Wenn aufm Dorf sengt so a Chor,
klengts manchmal et ganz schö em Ohr,
wenn schwäbisch-hochdeutsch do wird gsonga,
tuats als wäret d Soita gspronga.

So wars au en – i sags net wo,
gsonga wird zwar arg viel do,
doch haperts halt ells mit am Text,
s schwäbelt halt, s isch wia vrhext.

Trotzdem isch ma zom Sängerfescht ganga,
wemmr ons zammreißat wirds scho langa,
mir hent ja güabt jetzt Tag für Tag
ond wellat glohnt sei für die Plag.

Wo dr Dorfvrei kommt dra
fangat se recht schö zom Senga a,
d Melodie dui war scho richtig,
doch wia gsagt, au dr Text wär wichtig.

So klengts, obwohl ses güabt hant oft
em Saal ond auch em Freien:
„Bloe Loft Bluamandoft
ond der Wende waihen."

Bei dr Ausschuß-Sitzong

En jedem Verei wo was bedeutet
isch dr Albert beim Ausschuß, wo an leitet
ond so muaß er öfters zu Sitzonga na,
oft meah als dr Albert vrtraga ka.

Drbei isch er aber Opposizio,
egal was kommt für a Vorschlag do,
er mechts a bißele anderscht macha,
ond schlägt deshalb voar a paar andre Sacha.

Ond dauert a Sitzong no a paar Schtond,
no wird dr Albert müad wia Hond
ond wenn er au no am Pfeifle ziagt,
ehn dr Schlof doch von dr Handlong wegkriagt.

Doch egal wia lang dia Sitzong dauert,
em Hentergrond dr Eispruch lauert,
ond fend dr Vorstand zu später Stond
au zom Schlußmacha doch no an Grond:

„I denk mir machet jetz a End,
daß sich dr Albert ens Bett ka lega",
doh hebt der ganz vrschlofa d Händ
und murmelt drauf: „I ben drgega."

Dr Erlkenig

Dr Vater reitet mit am Gustav seim Soh
seit anderthalb Stond durchs Wiesatal scho,
dr Dokter hat ehm Bewegong empfohla
ond dui duat dr Alt sich jeda Nacht hola.

Dr Gustav wird ängstlich ond sait: „Guck do,
dr Erlkenig spuckt dort, er isch scho ganz noh."
„Ach domms Kend" brüllt dr Vater zrück,
„du bischt langsam schläfrich, do flemmert d Blick."

„J sieh an aber doch, dort hockt r em Gras,
dr Mond scheint ehm ja direkt uff d Nas."
„J woiß gar net Gustav, was Du heit hascht,
desch weiter nex, als a schemmlicher Ascht."

„Noi, noi, glaub mr no, i sieh den Kerl, ond drhenter
schwebat seine Dechter, Mensch send dees Kender,
de oi wenkt mit am Sacktuach ond lacht,
oh Vater, isch dees heut a komischa Nacht."

Jetzt wird dr Alt narrat ond reidet wia domm
ond sait zom Gustav: „Dreh de ja nemme rom,
Du steckscht oin ja tatsächlich a mit Deim O'senn,
daß e langsam selber dra glaub ond vrdreht ben."

Ond no aber reitet er drauf los,
daß ells d Fetza fliagat von Erde ond Moos,
dr Gaul schnauft wia narrat, wirft d Mähne gen Hemmel
ond denkt: „Der Kerle hat heit doch an Femmel."

Endlich kommat se hoim – s wird scho bald hell,
dr Vater greift henta nom – doch leer isch dui Stell.
So – secht r – ond kratzt sich henter de Oahra:
„Jetzt han i tatsächlich da Gustav vrloara."

S Denga

Wenn i hoimkomm vom meim Gschäft
herrscht drhoim a große Freud,
s Hondle zur Begrüßong kläfft
ond mei Frau mir z Neuste sait.

„Ma, heut isch a Aruaf komma,
s Denga hent mir gea Bescheid,
daß se wenn t am Sonntich komma,
isch des nett a riesa Freud."

S Denga, des ka der ond jener sei,
dr Nama fällt ra grad net ei,
doch bei mir setzt se voraus,
daß i woiß wo se will naus.

Ond frog i no wers Denga send,
weil i mirs net denka ka,
„ha s Denga, dia mit ihram Kend,
kommscht denn wirklich net drauf, Ma?"

„Ma", liegt se mr en de Oahra,
„mir hent a Bild vons Denga Kend!"
ond no gibts Ärger, Streit ond Zoara,
wenn i net woiß, wers Denga send.

Der Taucher

„Gucket Leut, wer kann mr helfa,
mir isch heut vormittag om elfa
mei Uhr dohanna ent Abortgruab na'gfalla,
tät koiner na'taucha, wer duat mr den Gfalla.

S isch a schöne Uhr, i dua net prahla
ond i tua dem ders holt au ebbes zahla,
mir solls uffn Fuffzmarkschei net akomma,
wenn i dodurch wieder zur Uhr ka komma.

Doch elle standat om an rom
und gucket drbei zemlich domm
na en dui Gruab, en dui vrstonka,
wo isch dem Herra sei Uhr vrsonka.

Au dr Hausknecht, sonscht a vrwegener Ma,
guckt sich dui Sach bedenklich a,
doch no ziaht er da Kittel aus
ond schlupft au aus de Hosa raus.

Kopfüber isch r end Gruab na'gspronga,
von onta isch dr Pflomfer rauf gklonga,
dr Dreeck isch noch elle Seita gspritzt,
ond elle hent vor Spannong gschwitzt.

Se guckat na elle voll Graus,
ob der wohl bald wieder kommt raus,
ma sieht bloß els ebbes strudla,
wahrscheinlich muaß der em Dreck rom rudla.

Uff oimol taucht dr wieder auf,
schnauft ond guckt von onta rauf
ond en dr hocherhobna Lenka
schwenkt r d Uhr mit fröhlichem Wenka,

„Leit brenget no jetzt schnell a Loiter",
drauf steigt dr Ma no rauf ganz hoiter,
„I dua jetzt freilich recht arg stenka.
doch Du derfscht Dein Fuffzgmarkschei schwenka."

„Do hasch Dei Uhr ond paß guat auf,
denn z nächstmol hol i se nemme rauf,
do honta isch a donkla Schwemme,
do na tauch i mei Lebtag nemme."

D Grabred

Dr Karle isch dr beschte Redner
scho viele Johr em Gsangverei,
bei jedem A'laß, jedem Feschtle
schwengt er sei Reda laut und fei.

Als kürzlich isch a Sänger gstorba,
no hoißts halt: „Karle Du hälscht d Red,
ihr zwoi warat ja Stemmkollega,
Du woischt au sonscht om was sichs dreht."

„A Grabred, noi des isch mr z hoikel,
s wär anders, wenns em Saal drenn wär,
no wär mrs Wurscht, doch so a Grabred,
do passiert mr sicher a Malhär."

„Du hälscht dui Red ond dobei bleibts,
weil Du dr beschte Redner bischt,
„Na also", sait dr Karle drauf,
„no gucke halt, was z macha ischt."

Dr Pfarrer macht grad Schluß, sagt „Amen"
ond ellas gaht sein Gang, sein Trab,
mit ernstam Gsicht ond fromme Falta,
tritt jetzt dr Karle vor ans Grab.

Als echter Schlaule hat ers Blättle
mit seiner Red en Huat nei glegt,
doch hat a Wendstoß, s duat arg stürma
des Blättle über d Mauer gfegt.

Sei Red isch über d Mauer gfloga
ond weiter fort, Gott woiß wo na,
dr Karle guckt, guckt mit Entsetza
ond schnauft ond schnauft ond fangt net a.

Er guckt ens Grab, starrt nauf en Hemmel
ond zittert scho, ganz kreidaweiß,
fascht wirds ehm schwarz scho vor de Auga
vorm Sänger- ond Vrwandtakreis.

Er fährt sich mit dr Hand durchs Hoor
ond huaschtat vor Vrlegaheit,
er putzt sei Nas, duat richtig schneuza
ond om en rom dia viele Leut.

Dia fangat selber a zom zittra
ond seufzat: fang doch endlich a,
doch jetzt hat er sich zemmagrissa
ond fangt bei Gott zom Schwätza a.

Er hat mit seine Händ romgfuchtlat
ond s klappt am scheints, er kommt en Schwong,
er gatt druff nei, wird emmer wärmer
ond strahlt scho vor Begeisterong.

Ellas om sich isch vrgessa,
er moint er staht em Saalbau drauß,
er duat dean Sänger mächtig loba
no übern Schellakönig nauß.

„Stets isch er ons a Muschter gweasa,
a Vorbild elle em Verei,
er isch a echter Liederkränzler
mit Leib ond Seele stets drbei.

Drom bitt i, mit mir eizustemma
ihr Brüder jetzt zum Schlusse noch,
dr Emil, onser alter Schwede,
dr guate Emil, lebe hoch – "

Am Krankabett

„Na Maier sag, wia gotts ons heut,
send Pilla guat bekomma?"
„D Pilla?" hat dr Maier gsait,
„dia han i gar ne gnomma."

„Des Pillazuigs isch nex für mi,
dia kennat mi nett retta,
was bessers gäbs do scho für mi
do dät i sofort wetta."

„Was denn?" – „A Gläsle guata Wei
Heilbronner – rota alta,
Herr Dokter gwiß, des wär scho fei,
der dät me aufrecht halta.

A Viertele am Vormittag
a Oi drzua mit Schenka,
Was schädlich? Gschwätzwerk, Donnerschlag
Sia dent doch selber drenka!"

„Wei", sagt dr Dokter, „auf koin Fall,
desch nex für Ihran Maga,
bei mir isch des a andrer Fall,
i ka des Zeug vrtraga!"

Der hat gwirkt

Die älter Generatio erinnert sich no,
daß s früher gab en de Häuser koin Clo,
endweder isch ma aufs Häusle en Garta ganga,
oder isch s als A'bau über dr Mischte ghanga.

So an Holza'bau hat ma au bei s Hägeles ghett,
doch dr Hägele dean mit dr Zeit weg han wett,
drom hat ma em Haus a Clo baut für d Leut,
ond dr A'bau stand zom Abriß bereit.

D Bauleut, wo dean hent wegreißa solla,
deant dr Oifachheit halber Sprengstoff holla,
ond machat onda grad a Ladong na,
daß ma des Häusle wegsprenga ka.

Enzwischa isch d Bäure vom Feld hoim komma
ond hat da Weg zom Häusle gnomma,
aus Gwohnheit ging se zom alta Clo,
z Neue war zu o'gwohnt no.

Wia s nahockt fährt ra oiner naus,
der schallt laut durchs ganze Haus,
ond onda hent d Maurer em gleicha Moment
d Lunte zom Sprenga vom Häusle a'brennt.

S Häusle hauts weg vom alta Raum
ond Bäure landet em Birnabaum,
do hockt se ond wondert sich über dui Wirkong sehr:
„Der wemmer en dr Stub drenn nausgfahra wär!"

D Wasserspüalong

Beim Vereinsausflug isch d Berta drbei,
ma sieht do doch so ällerloi
was ma später drhoim ka verzähla,
ond deshalb sollt ma bei so was nett fehla.

Em Lokal beim Mittagessa,
isch ma gmüatlich zemmagsessa,
ond wia s nach am Essa ells so gatt,
d Berta a menschlichs Rüahra hat.

Sui gatt naus auf d Toilette,
zom Wasserspüala hats koi Kette,
do isch a Druckknopf henta dra
an dean kommt d Berta mi m Rücka na.

A Wasserspüalong kennt se nett,
drhoim hat ma no a Trockaclo ghett,
drom duat se ganz vrschrocka lauscha,
wia s Wasser onda fangt a z rauscha.

„Ha", denkt se, "heut muasch aber viel,
s isch guat, daß treffa duascht ens Ziel",
wia s aber gar nett noch hat glassa,
konnt se sich vor Angst kaum fassa.

Sia schreit om Hilfe wia vrruckt,
so daß ma schliaßlich nach ra guckt,
„Liabe Leut, helfat mr, holat me raus,
lupfat me ra, schonscht laufe no aus!"

S wär möglich

D Martha isch zom Dokter ganga,
sui duat om ihra Gsondheit banga,
en letschter Zeit wirds ra emmer so schlecht
au ka se schlofa bei Nacht nemme recht.

Wia der se ontersuacht hat ghet,
hat r gmoint an dr Gsondheit fehls grad nett,
s Owohlsei ond dia kloine Leida
des seiat werdende Mutterfreuda.

„Herr Dokter wia wär so was möglich,"
sait d Martha drauf zu ehm ganz kläglich,
„i hau mei Lebtag koin Ma nett ghett,
hau emmer gschlofa alloi en meim Bett."

„S gibt aber gar koin Zweifel dra,"
seit dr Dokter ond guckt d Martha a,
nachdem aber so ebbes nett kommt von aloi,
müaß doch amol ebbes gwesa sei.

„Wenn e gnau nochdenk, no fällt mr was ei,
daß do passiert wär, kennt vielleicht sei,
em Frühjohr ben e zur Kur fortgwesa,
do war a älterer Herr mit ganz nettam Wesa."

„En dr Sportstond hemmer da Bocksprenga gmacht,
des war emmer schö, do hemmer was glacht,
do wollts deam Herra oifach nett glenga,
daß er hätt kenna ganz über me nüber sprenga!"

Dr nui Huat

D Emma hat an Huat sich kauft,
mit deam se stolz jetzt hoimwärts lauft,
der hats ra scho seit Däg a'doah –
a scheaner Huat ond ganz aus Stroah.

Fascht atemlos kommt s drhoim a
ond stellt sich na vor ihran Ma,
„Was saischt, stoht mr der nui Huat,
i selber fend, er stoht mr guat."

Was bleibt am scho, deam guate Ma,
er guckt da Huat bewondernd a:
„Do brauche ja nett weiter teschta,
Deim Kopf stoht Stroah ja eh am beschta!"

D Aufklärong

S Petrale isch fenfa jetzt,
drom hat sich d Muatter zu ra gsetzt,
mit dr Aufklärong isch zu beginna,
mei so duat halt d Zeit verrinna.

Wichtig isch vor älle Denga,
deam Kend jetzt sachte beizubrenga,
daß nett dr Storch brengt oim dia Kender,
daß do was anders steckt drhenter.

Entsprechend am Alter duat s ra vrzähla,
manches muaß se no vrhehla,
doch erklärt se s nett em großa Ganza,
wia sich dr Mensch so duat fortpflanza.

Wias Kendle kommt en Mutterleib,
ond daß no dick wurd so a Weib,
weils Kendle wächst do zerscht hera,
ond nach nei Monat kommt's no a.

Drom ka ma des gar bald erseha,
wenn wo isch so a Wonder gscheha,
wenn kriagt an dicka Bauch a Frau,
no kriagt se bald a Kendle au.

Dr Opa isch a kräftiger Ma,
der auf sein Bauch recht stolz sei ka,
er muaß aufpassa beim Essa,
schonscht dät dr Omfang no me messa.

D Petra kommt ond guckt an a,
ond streicht sachte über da Bauch vom Ma,
no lächelt se ond klatscht end Händ:
„Beim Opa gibts aber scho a recht alts Kend!"

S Ball-Erlebnis

D Marie därf mit ihrer Freundin zom Ball,
denn do isch ei tretta der Fall,
daß es duat an de Mädla fehla,
drom duat ma auf ihr Mitwirkong zähla.

Am andra Morga hat se dr Muatter vrzählt,
wia s war auf m Ball, an nex häbs gfehlt,
Essa ond Trenka, a herrliches Mahl,
ond vor ällam s Tanza en deam schöna Saal.

Ma häb troffa lauter vornehme Leut,
drom häbs se s, daß se mitsei, wirklich net greut
ond lauter recht nette Herra häbs ghet,
„so was geits halt bei ons em Dorf net."

„Ha Marie", frogt d Muatter drauf ganz entressiert,
„hent de dia Herra au als Dam ästhemiert?"
„Ha freile Muatter, do braucht drs net banga,
drei Vrschiedne sogar send mit mir en Garta naus ganga!

Moritat

A Herr hot an Spaziergang gmacht
durch da Wald en ra lieblicha Maianacht,
er hat sich gfreut en der herrlicha Luft
ond hat tiaf eigatmet da Bluamaduft.

Uff oimol härt er aus am Busch a Gestöhn
ond Seufzer – gar furchtbar klengat dia Tön,
er bleibt standa ganz vrschrocka,
ganz starr isch r worda, bis na end Socka.

Dia Tö gangat weiter, scho hats am graut,
doch no hat er sich gfaßt und schreit ganz laut:
„Wurd do oiner ombrocht, macht ma oin kalt?"
„Em Gegatoil," schreit do oiner zruck aus am Wald!

Frühreif

A Herr, wo so durch d Stroß spaziert,
sieht wia a Bua ganz oscheniert,
dostoht ond raucht a Zigarett,
als ob er dozua z Recht scho hätt.

Der Herr gatt na ond schempft dean Bua,
„Sag bloß, wia kommscht du do drzua,
i werd des glei deim Lehrer sage,
der wird dr dofür d Gosch vrschlaga."

„Dau werdet se hau wenig Glück,"
gibt drauf dr Bua als Antwort zrück,
„zom Lehrer ganga läßt mi kuahl,
i gang nämlich no nett end Schual!"

D Verwechslong

Verwechslunga kennat recht peinlich sei,
do ka ma zemlich falla rei,
wia s isch kürzlich ganga beim Maier genau,
deam isch plötzlich gstorba sei Frau.

Zuafällig wohnt em Haus nebedra
au a Maier – wia s ganga halt ka,
deam isch von a paar schlechte Konsorta,
aus am Hausgang s Fahrrad gstohla worda.

Dr Pfarr will sein Kondolenzbsuach macha,
er muaß ja schwätza do a paar Sacha,
bei so ma Fall muaß des ja sei,
doch er goht zom falscha Maier nei.

Der wondert sich nett schlecht über dean Bsuach,
ond daß der drbei hat sei schwarzes Buach,
„Herr Maier, der Verlust hat se troffa gar sehr,
bestimmt isch bei ehne jetzt ällas leer."

„Drom möcht i ehne mei Beileid ausdrücka",
drbei duat er da Maier ganz traurig a'blicka,
doch der wenkt ab mit boide Händ,
„Herr Pfarrer, daß se deswega komma send!"

„Herr Pfarrer, für ihre Worte danke recht schö,
doch soviel isch für mi do ja au nett heh,
gar so arg isch der Schada nett,
i hans jo au viele Johr lang ghett."

„Für d Buaba zom Lerna wars grad no recht,
für dean Zweck wars no nett zu schlecht,
doch i durft me nemme zom Naufhocka traua,
no hats henta ond vorna d Luft naus ghaua!"

De heutig Jugend

Dr Vater hat gvespert Brot und Wurscht,
drom hat er kriagt an groaßa Durscht,
er frogt sei Tochter Elisabeth,
ob se ehm net a Bier hola dät.

Doch dui hat glei a Ausred ghett,
des paß ra en da Zeitpla nett,
sia müaß am siebne fertig sei,
do käm ihr Freund vom Tanzverei.

Er hat ja nomol a Tochter ghett
de fuffzehjährig Annegret,
doch au dui lehnt rondweg ab,
se müaß no macha ihr Schualaufgab.

Drauf sait dr vierzehjährig Bua,
„siesch Vater was saischt jetzt drzua,
wärsch früher strenger mit an gwesa,
dätat se dr d Wensch von de Auga ablesa."

„Doch so muasch dei Bier jetzt selber holla,
do hilft koi ärgra ond koi Grolla,
doch wenn drbei so guat sei witt
brengscht mir glei Zigaretta mit!"

En dr Stroßabah

A Stotterer sitzt en dr Stroßabah
ond duat sein Nachbar froga:
„Z z zom Ma- Mariaplatz, wo muaß e do na?"
er duat sich richtig ploga.

Dr ander gibt koi Antwort nett,
als ob ers gar nett ghört ghät hätt,
er guckt ruhig vor sich na
ond weiter fährt dui Stroßabah.

Drauf frogt dr oi nomol dean Ma,
ob er ehm d Auskunft nett geba ka,
er sieht scho recht vzweifelt aus,
bis a andrer sait: „Jetzt müaßt se raus."

„Jetzt sagat se blos", frogt do dr dritt,
„Worom hent se deam Ma nett erfüllt sei Bitt?"
Der guckt dean a, no duat er saga:
„Gl gl- glaubat Sia, i laß mr d Gosch vrschlaga!"

Beim Mittagessa

D Familie isch beim Essa gsessa,
Brota ond greana Salat hense gessa,
dr Fritzle guckt end Salatschüssel nei,
ganz gspannt – ond lächelt a bißle drbei.

Dr Vater hat sich glangat grad
a groaße Portio vom greana Salat.
Uff oimol dr Fritzle da Vater a'guckt:
„Jetzt hascht grad an Frosch vrschluckt!"

„Saubua, kascht des nett eher saga,
dir ghäart ja oina rontergschlaga,
hockt do ond guckt zua bis i dean Frosch,
mit samt am Salat neischiab end Gosch."

„Ha woisch, der hat so aus am Salat raus guckt,
hat blenzlat ond mit de Auga zuckt,
no hau e halt denkt, lesch am sei Freid,
wega deam war e still ond hau nex gsait."

D Vrjengongskur

Beim Hans ond dr Frieda isch s nemme recht ganga,
doch weil von der Sach duat doch manches abhanga,
gatt se zom Dokter ond will sich was hola,
der hat ra drfür Rinosol empfohla.

Des sei a guats Mittel ond det vrjenga,
do gäng dees ond ma kennt au wieder sprenga,
des soll se en dr Apothek sich kaufa,
no käm ällas wieder guat ens Laufa.

D Frieda aufs Mittele ganz vrsessa,
hat, bis se dort na kommt da Nama vrgessa,
drom ka se blos saga, daß es mit Ri- a' fang,
s sei a Mittel, wo ellas wieder viel besser gang.

Dr Apotheker der nett hat wissa kenna,
daß om was anders goht, als aufs Clo zom renna,
hat ra a Fläschle Rizinus geba,
des brächt dui Sach wieder richtig zom Leba.

Wia boide obends ens Bett ganga send
ond gspannt auf d Wirkong gwartet hent,
fährt sui uff oimol raus aus am Bett
ond sprengt naus, weils schier nemme glangat hätt.

Wia se zrück kommt sait se zu ihram Ma:
„Hans hasch gseha wia e sprenga ka,
des Mittel hat me stark vrjengt,
i be gspronga, wia a zwanzjährga sprengt."

„Ja desch a starka Verjengongskur,
vielleicht hätt ma s nett nemma solla pur,
zom Sprenga mai, do kam e nemme drzua,
i han ens Bett gmacht, wia a zwoijähriger Bua!"

Beim Scheidongsrichter

D Rosa will sich scheida lassa,
denn s duat ra halt gar nett passa,
daß se koi Freud hat bei deam oina,
ihr Heiner hat halt so an Kloina.

Dr Rechtsawalt, der hat ra gsait,
daß do bloß dia oi Lösong geit,
daß se beim Gricht des muaß beweisa,
drom müaß ihr Ma des Deng vorweisa.

Do wird a spanischa Wand aufgstellt,
dui hat a Loch, wo dr Blick drauf fällt,
do muaß er hentre ond no zoiga,
was er hat en der Sach zu oiga.

Sui hat des ihram Heiner gsait,
der hat sich drüber gar nett gfreut,
wenn er nett da Beweis ka füahra,
no duat er da Prozeß vrliera.

Dr Büttel, s isch bekannt em Flecka,
ma duat ehn deshalb sogar necka,
der soll hau grad s Gegatoil,
an Kerle wia a Glockasoil.

Drom gatt dr Heiner zu am na
ond frogt, ob er nett helfa ka,
er druckt ehm fenf Mark en d Hand,
drfür soll er henter dui spanischa Wand.

„Dr henter wartescht bis e komm
ond no steckst Du Dein Kerle nomm,
des müaßt doch beim Teufel zuganga,
wenn dia no wettat no meh vrlanga."

Als no isch d Vrhandlong gwea,
dr Richter wollt s Korpus delikti seah,
isch dr Heiner henter d Wand nomm ganga
ond dr Büttel duat sei Deng herlanga.

Do hat dr Richter nett schlecht guckt,
drauf hat er mit de Schultra zuckt:
„Frau Sia vrlangat aber viel,
sell isch bei Gott a stolzer Stiel."

"Dia moischte wärat do mit z'frieda,
ond hättet ihran Ehefrieda,
i selber dät me glücklich preisa,
kennt e so a Deng vorweisa."

„Herr Richter des wär i ja au,
der Besitz roicht jeder Frau,
doch leider gheart der nett meim Heiner,
den kenne, desch am Büttel seiner."

Er hat Zeit

D Emma hat d Scheidong eigroicht beim Gricht
ond ihre Grend hent scho a Gwicht,
denn über a Johr send se gheiratet scho,
ohne daß em Bett isch passiert ebbes no.

„So ka des ja nett weiter ganga,
do muaß i ja langsam scho drom banga,
daß e ewig a Jongfer bleib,
trotzdem i be a vrheiratets Weib."

Drauf hat dr Richter da Ma vrnomma,
wollt wissa wia des sei so komma,
daß en der langa Zeit sei nex passiert,
„Hau i wissa kenna, daß des so pressiert!"

Was do wohl passiert wär?

Dr Karle vrzählt er sei z Stuagert gwea,
do häb er vielleicht ellerhand gseah
ond ma kennt ellerloi erleba,
was auf am Land es nia dät geba.

„An oim Gschäft stand groaß "Maniküre,"
„ha hau e denkt, gasch nei zur Türe,
do henn se mir ohne lang z bitta,
dia ganze Fengernägel g'schnitta."

„Am a andra isch „Pediküre" gstanda,
nasaweiß wia e be due drenn landa,
ond bevoar i recht gwißt han, wia s isch gscheha
waret weg d Nägel von sämtliche Zeha."

„No bene auf an Platz na komma,
von seiner Größe ganz benomma,
am a groaßa Haus isch a Riesaschild dragwesa,
drauf han i „Walküre" glesa."

„Do bleibscht hausa, han i denkt,
ond hau mei Schritt schnell weiterglenkt,
i ka mr nett denka was des bedeutet,
wer woiß, was se oim do wegschneidat!"

Nach dr Gschicht

D Frida möcht sich mola lassa,
drom lauft se en dr Stadt durch d Gassa,
guckt ob se nett fend a Schild
vom Moler, der wo molt des Bild.

Bald kommt se so au an a Haus na,
an deam hangt groaß so a Schild dra,
„Historienmaler" stoht do drauf,
ha denkt se, do gosch amol nauf.

Der Moler macht dr Frida klar,
daß se bei ehm beim Falscha war,
historische Bilder seiat sei Fach,
die er nur nach der Geschichte mach.

„Des wär koi Grond", moint d Frida glei,
des muaß ja nett glei heut no sei,
daß es so eilig au nett wär,
„no komme en vierzeh Dag wieder her!"

Inhalt

De ei'gspritzt Supp	6
Ma muaß sich z helfa wissa	9
Dr Wachtelfänger	10
Von ehm hat ma et gschwätzt	12
Der schweigsame Bräutigam	13
Voreilig	15
Bei der Post	16
Emmer fleißig sei	17
Die Entlassong	18
Beim Zahnarzt	18
Er hat koi Angscht	20
A komische Krankheit	21
Die Bewegungstherapie	22
S isch eilig	23
Bruaderliebe	24
Dr Scheidongsgrond	25
Guata Appetit	26
Sei Liebstes	27
Zur Auswahl	28
Em Zweifel	29
Dr Gipser	30
Nach dr Schualvisit	31
Also doch	32
D Gegaleistong	33
Geheimsproch	34
Der dreizehnte Apostel	36
Warom omständlich	37
Die Einladong	38
Freundschaft	39

Dr Freier	40
Gewohnheit	41
Genau do	42
Obs an Wert hat?	43
Dr Onderschied	44
Von de Arme	45
Koi groaßer Onderschied?	46
Der Versager	47
Die Erinnerong	48
Dr Sportler	49
Er hats sichs denkt	50
Dr Zucker ohne Marka	51
S Piknik	52
S Jubelpaar	53
So was gibts au	54
Se hats guat gmoint	55
Dr Neugierige	56
En dr Religionsstond	57
Das siebte Gebot	58
Der Sinnesausgleich	59
Die Schwerhörige	60
Der Feiertag	61
D Katza-Tragödie	62
Dr Bäradreck	63
Dr Gselzheiland	65
Gsiebte Milch	66
Goldreiterles	67
Dr sechste Ponkt	68
Falschgeld	69

Naturgeschichte	70
D Klavierstond	71
Obs d Katz wois?	72
D Flaschnerrechnong	73
Schwäbische Sänger	74
Beim Sängerfest	75
Bei dr Ausschuß-Sitzong	77
Dr Erlkenig	78
S Denga	80
Der Taucher	81
D Grabred	83
Am Krankabett	86
Der hat gwirkt	87
D Wasserspüalong	88
S wär möglich	90
Dr nui Huat	91
D Aufklärong	92
S Ball-Erlebnis	94
Moritat	95
Frühreif	96
D Verwechslong	97
De heutig Jugend	99
En dr Stroßabah	100
Beim Mittagessa	101
D Vrjengongskur	102
Beim Scheidongsrichter	103
Er hat Zeit	106
Was do wohl passiert wär?	107
Nach dr Gschicht	108

Im Verlag Karl Knödler sind u. a. noch erschienen:

Rosemarie Bauer/Doris Oswald
Do lieg i ond träum
Fred Boger
Aus em Ländle
M. Bosch/J. Haidle
Schwäbische Sprichwörter und Redensarten
Fritz Joachim Brückl
Peterle vo dr Pfaffschtub
Franz Georg Brustgi
A rechter Schwob wird nie ganz zahm
Eine kurze Spaße Zeit
Heiteres Schwabenbrevier
Kleines Schwäbisches Wörterbuch
Lichter spiegeln im Fluß
Uf Schwäbisch gsait
Schnurren um Franz Napoleon
So send se, dia Schwoba
Zu sein ein Schwabe ist auch eine Gabe
Kurt Dobler
Fürs Herz ond Gmüat
Onder ons gsait
Norbert Feinäugle
Kleines Reutlinger Lesebuch
Harald B. W. Fischer
No so drhärgschwädsd
Lore Fischer
Von Adam ond Eva bis zu de Schwoba
Dr. Frosch
An schimmernden Gewässern
Reutlingen aus der Frosch-Perspektive
Wolkenlücken
Bruno Gern
Des laß dr gsait sei
Sonnaschei ond Reaga
Sonnawirbel
Erwin Haas
Allaweil gradraus
Wohl bekomm's
Uf da Zah' gfiehld
Württemberg, oh deine Herren!
Karl Häfner
Alte Leut
Mier Schwobe wearnt mit vierzge gscheit
Vom schwäbischen Dorf um die Jahrhundertwende
Vom Vierzger a'
Georg Holzwarth
Denk dr no
Ernst Kammerer
So isch no au wieder
Karl Keller
Poetisches Hausbüchlein für Schwaben
Otto Keller
Sacha ond Sächla
Schnitz ond Zwetschga
's End vom Liedle
Lore Kindler
D'r Spätzlesschwob
Matthias Koch
Kohlraisle
Wilhelm König
Dees ond sell
(auch mit Schallplatte)
Hond ond Kadds
Kurrle/Marx-Bleil
Gell, do guckschl!
Hedwig Lohß
Aus meim Schwalbanescht

Eugen Lutz
Mei' Wortschatz
Manfred Mai
So weit kommts no
Marianne Menzel
's Kätherle läßt d'Katz aus em Sack
Bernd Merkle
So semmer hald
Rudolf Paul
's Matthäus-Evangelium für Schwoba
Helmut Pfisterer
Weltsprache Schwäbisch
Rösle Reck
Älles ischt menschlich
Marie Richter-Dannenhauer
A bonter Strauß Vergißmeinnicht
Ilse Rieger
Oder it?
Sebastian Sailer
Schriften im schwäbischen Dialekte
Adolf Schaich
Jetz isch letz
Hilde Schill
Moosrösle
s' Schatzkämmerle
Heinz-Eugen Schramm
... Er kann mich hinden lekhen
G-W (Gogen-Witze)
Kaum zu glauben ...
Magscht mi?
Maultasche
Wia mr's nemmt
Lina Stöhr
Grad zum Possa!
Hoimetklänge
Wendelin Überzwerch
Erzähltes und Geschütteltes
Uff guat schwäbisch
Sprache des Herzens
Werner Veidt
Heiter fällt das Blatt vom Baum
I möcht amol wieder a Lausbua sei
Mr schlotzt sich so durchs Ländle
Oh Anna Scheufele
(Alle 3 Ausgaben auch in Kassette)
Friedrich E. Vogt
Bsonders süffige Tröpfla
En sich nei'horcha
Schwabenfibel
Schwäbisch auf deutsch
Schwäbisch mit Schuß
Schwäbische Spätlese in Versen
Täatschzeit
Winfried Wagner
Berno
Bloß guat, daß i an Schwob ben
Mir Schwoba send hald ao bloß Mensche
Ons Schwoba muaß mer oifach möga
Schwäbische Gschichta
Rudolf Weit
Grad so isch
Net luck lao
No net hudla
Ois oms ander
Willrecht Wöllhaf
... was mir grad en Strompf kommt

In allen Bändchen findet der Leser und Vortragskünstler humorvolle, bodenständige und »bodagscheite« Gedichte, Witze, Anekdoten und Prosatexte zum eigenen Vergnügen und zum Vortragen in fröhlichen Kreisen.